BEI GRIN MACHT SICH IHR WISSEN BEZAHLT

- Wir veröffentlichen Ihre Hausarbeit,
  Bachelor- und Masterarbeit

- Ihr eigenes eBook und Buch -
  weltweit in allen wichtigen Shops

- Verdienen Sie an jedem Verkauf

**Jetzt bei www.GRIN.com hochladen
und kostenlos publizieren**

Bibliografische Information der Deutschen Nationalbibliothek:

Die Deutsche Bibliothek verzeichnet diese Publikation in der Deutschen National-bibliografie; detaillierte bibliografische Daten sind im Internet über http://dnb.d-nb.de/ abrufbar.

Impressum:

Copyright © 2014 GRIN Verlag, Open Publishing GmbH
Druck und Bindung: Books on Demand GmbH, Norderstedt Germany
ISBN: 978-3-668-18185-4

Dieses Buch bei GRIN:

http://www.grin.com/de/e-book/318418/die-relevanz-der-motivationsdiagnostik-modelle-zum-messen-von-motivation

Anonym

Die Relevanz der Motivationsdiagnostik. Modelle zum Messen von Motivation

GRIN Verlag

GRIN - Your knowledge has value

Der GRIN Verlag publiziert seit 1998 wissenschaftliche Arbeiten von Studenten, Hochschullehrern und anderen Akademikern als eBook und gedrucktes Buch. Die Verlagswebsite www.grin.com ist die ideale Plattform zur Veröffentlichung von Hausarbeiten, Abschlussarbeiten, wissenschaftlichen Aufsätzen, Dissertationen und Fachbüchern.

Besuchen Sie uns im Internet:

http://www.grin.com/

http://www.facebook.com/grincom

http://www.twitter.com/grin_com

Inhaltsverzeichnis

1. Bedeutung der Motivation in unserem täglichen Leben

Eines der wichtigsten Bestandteile in unserem Leben ist das Thema Motivation. Dieser Begriff begleitet uns bereits von frühem Kindesalter an und spielt bis zuletzt eine große Rolle in unseren auszuführenden Handlungen und Tätigkeiten. Die Motivation ist entscheidend dafür, ob wir eine Tätigkeit gerne und mit Freude ausführen und ob wir nach einem bestimmten Ziel streben. Diverse Studien zeigen immer wieder auf welch enorme Bedeutung die Motivation auf unsere Lern- und Leistungserfolge hat. Motivierte Schüler können neue Lerninhalte besser aufnehmen und nachhaltig im Gedächtnis abspeichern. Des Weiteren zeigen Forschungen, dass die Intelligenz der Schüler schon längst nicht mehr für Erfolge und Misserfolge ausschlaggebend ist. Zahlreiche Motivationsmodelle dienen geradezu besonders im Lehrerberuf Schüler bei Laune zu halten und deren Motivation nicht nur kurzfristig aufzubauen sondern auch langfristig zu erhalten. Demotivierten Schülern fällt es schwer neues Wissen anzunehmen und zu einem späteren Zeitpunkt bei Lernzielkontrollen das Gelernte abzurufen. Demzufolge ist es vornehmlich, dass sich Lehrer verschiedenste Motivationskonzepte aneignen und ihren Schülern so geschickt zu Erfolgen führen und Misserfolge möglichst vermieden werden. Damit der Demotivation bei Schülern entgegengewirkt werden kann, bedarf es grundlegender Ansätze zur Intervention. Es gilt also herauszufinden welche individuellen Motive bei der Person vorliegen und mitwirken und über Erfolg oder Misserfolg entscheiden. Viele Pädagogen und Psychologen beschäftigen sich seit geraumer Zeit mit der Diagnostik von Motivation und entwickeln Testverfahren um die personenbezogenen Motive zu erfassen und zu messen. Anliegend lassen sich nicht nur die Motive eines Individuums erforschen, sondern lassen sich auch für die Motivation auf Gruppenebene diagnostizieren. Mehrere ausgearbeitete Verfahren und Instrumente sind bei der Analyse von Motivationsproblemen behilflich.

2. Falko Rheinberg

Professor Dr. Falko Rheinberg ist sowohl Autor als auch Psychologe. Bis Anfang des Jahres 2007 war Rheinberg Leiter der Abteilung für Allgemeine Psychologie. Zu seinen Arbeits- und Forschungsbereichen zählen Motivation, Emotion und Handlungssteuerung, wobei seine Forschungsinteressen auf Motivationspsychologie und Pädagogischer Psychologie spezifiziert sind. Rheinbergs Karriere beginnt in den 1960er Jahren mit einem Studium der Psychologie und Philosophie an der Universität Innsbrucks, gefolgt von einem Studium der Psychologie an der Ruhr-Universität Bochum. An der Universität Bochum absolviert er zuerst eine Diplom-Vorprüfung der Psychologie und anschließend die DiplomHauptprüfung für Psychologen. Währenddessen war Falko Rheinberg als freier Mitarbeiter der Friedrich Krupp GmbH in der Stabsabteilung Personalentwicklung in Essen tätig. Bereits fünf Jahre nach Beendigung seiner Hauptprüfung promovierte Falko Rheinberg an der Universität Bochum im Bereich der Philosophie. Unterdessen zählt Rheinberg zu den wissenschaftlichen Mitarbeitern am Psychologischen Institut der RuhrUniversität Bochum und pflegt Privat-Arbeitsverträge mit Prof. Dr. H. Heckhausen. Folglich gehörte Falko den wissenschaftlichen Angestellten am Psychologischen Institut der Ruhr-Universität Bochum am Lehrstuhl von Prof. Dr. H. Heckhausen an. In den frühen 1980er Jahren beginnt Rheinberg als Professor für Pädagogische Psychologie und Psychologische Interventionsmethoden am Psychologischen Institut der Universität Heidelberg zu arbeiten. Anfang der 1990er Jahre wechselt Rheinberg zum Institut für Psychologie an die Universität Potsdam und arbeitet dort zunächst im Bereich der Pädagogischen und anschließend im Bereich der Allgemeinen Psychologie. Bis zuletzt war Falko Rheinberg als Professor für Allgemeine Psychologie II an der Universität Potsdam tätig.[12]

---

[1] Vgl. Universität Potsdam, Zugriff: 04.01.2014
[2] Vgl. Buchpreis-Seite, Zugriff: 04.01.2014

3. Definitionen zu Diagnostik

Betrachtet man den Begriff Diagnostik gesondert, so lässt sich dieser multilateral definieren.

> „Die Wörter Diagnose und Diagnostik gehen zurück auf das griechische Verb ‚diagignoskein', das unterschiedliche Aspekte eines kognitiven Vorgangs bezeichnet, vom Erkennen bis zum Beschließen. Das Verb bedeutet ‚gründlich kennenlernen', ‚entscheiden' und ‚beschließen'."[3]

Die Herkunft dieses Begriffes lässt sich auch historisch bis zum Ursprung zurückverfolgen.

> „Von der ursprünglichen Wortbedeutung her (dia: durch, hindurch, auseinander, gnosis: Erkenntnis) ist Diagnostik Erkenntnisgewinnung zur Unterscheidung zwischen Objekten. In allen Bereichen (z.b. Technik, Medizin, Psychologie) ist Diagnostik dabei keine Informationsansammlung zum Selbstzweck, sondern hat das Ziel Handeln zu optimieren. Die kann durch Selektion von Personen bzw. Objekten geschehen."[4]

> „Die Diagnostik ist entweder symptomatisch, d.h. sie begnügt sich mit dem Hervorheben der hervorragendsten Symptome (z.B. Fieber, Husten, Schmerzen, Wassersucht), ohne auf deren Ursache einzugehen, oder anatomisch, topographisch und zugleich ätiologisch, wenn sie die ihnen zugrunde liegenden Anatom Veränderungen der Organe und deren Ursache (Erreger) zu erforschen sucht."[5]

Der Begriff Diagnostik lässt sich in mehrere Teilbereiche gliedern, wobei ein Sektor davon die psychologische Diagnostik beinhaltet.

> „Psychologische Diagnostik (oder Psychodiagnostik) bezeichnet ein überwiegend anwendungsbezogenes Methodenfach der Psychologie mit dem Ziel interindividuelle Unterschiede im Verhalten und Erleben sowie intraindividuelle Merkmale und Veränderungen einschließlich ihrer jeweiligen Bedingungen so zu erfassen, dass hinlänglich präzise Vorhersagen künftigen Verhaltens und Erlebens sowie deren eventuelle Veränderung in definierten Situationen möglich werden."[6]

---

[3] Fisseni, H.-J. (1990), S. 1
[4] Hossiep, R. / Wottawa, H. (1993), S. 131
[5] Brockhaus, Band 3, (1953), S. 243
[6] Pawlik, K. (2006), S. 563

4. Motivationsdiagnostik im Alltag

Die Motivationsdiagnostik begleitet uns stets im Alltag und basiert auf einer oberflächlichen Schnelldiagnose die jedermann anwenden kann. Eine Form der Motivationsdiagnostik im Alltag ist die Erlebens-Stichproben-Methode. Hierbei werden Testpersonen längerfristig herangezogen die sich verpflichten ihre individuelle aktuelle Beschäftigung zum Zeitpunkt eines Signaltons aufzuzeichnen. Beobachtungen zeigen dabei, dass sich diese Probanden nur selten in Phasen befinden, in denen sie bewusst darüber nachdenken warum und wozu sie gerade diese Tätigkeit ausführen. Grund dafür ist, dass gewöhnlich „schon der Kontext und Besonderheiten der Handlungsausführung die Art von Informationen zum Handeln unserer Mitmenschen, die uns genügen"[7] liefern. Diese Besonderheiten teilen uns mit „was jemand wohl gerade erreichen will und was evtl. seine Handlung in Gang gesetzt haben mag."[8] Personen die sich zum Beispiel außergewöhnlich schnell fortbewegen lassen und vermuten, dass sie zeitlich eingeschränkt und in Eile unterwegs sind und versuchen ihr Ziel noch pünktlich zu erreichen. Ein Gast der in einem Restaurant den Kellner zu sich ruft, wird vermutlich etwas bestellen, bezahlen oder sich beschweren wollen. Solch wiederkehrende Verhaltensmuster und Handlungsziele unserer Mitbürger lassen uns immer wieder Schnelldiagnosen wagen.

> „Warum oder wozu jemand sein offenkundiges Ziel verfolgt, wie schlimm es für ihn wäre, wenn er sein Ziel verfehlte, wie sicher er sich ist, dieses Ziel noch erreichen zu können, ob er sich zur Aktivität überwinden muss oder im Gegenteil mit viel Freude bei der Sache ist – all das interessiert uns nicht [...]."[9]

Die oberflächliche Schnelldiagnose lässt sich nicht nur auf das Verhalten unserer Mitmenschen beschränken, sondern betrifft auch unser eigenes Verhalten. Der komplikationsarme Regelfall des gut geordneten Alltags sieht vor, dass sich das Individuum keine Gedanken zu gegenwärtigen Handlungszielen macht, da sie im Alltag hinreichend klar zu sein scheinen und das Individuum „mit der Regulation oder Planung

---

[7] Rheinberg, F. (2004), S. 15
[8] Rheinberg, F. (2004), S. 15
[9] Rheinberg, F. (2004), S. 15

seiner Aktivität viel zu sehr beschäftigt"[10] ist. Die Motivationsdiagnostik im Alltag erfolgt durch gezieltes Beobachten, Nachfragen und den Rückgriff auf „naive" Theorien. In der Motivationsdiagnostik erfordert die Schnelldiagnose aber auch Grenzen und weist Abweichungen auf. Abweichungen können zum einen Handlungen beinhalten, bei der der Person klar ist was sie eigentlich tun möchte. Solche Grenzen können in den verschiedensten Bereichen auftreten. Dazu zählen beispielsweise Raucher die trotz ihres Willens das Rauchen komplett aufzugeben versuchen weiter rauchen, aber auch Studenten, die sich auf bevorstehende Prüfungen vorbereiten wollen, sich aber letztendlich lieber mit anderen Tätigkeiten wie Putzen, Telefonieren, etc. beschäftigen oder der Chef einer Firma der sich vornimmt in Zukunft weniger zu arbeiten, um somit mehr auf seine Gesundheit zu achten, schließlich aber doch wieder ständig am Arbeiten ist. Schleierhaft ist es jedoch wenn Personen sich Tätigkeiten nicht annehmen die für sie offenbar zweckmäßig sind und im Gegenzug sind engagierte Tätigkeiten von Personen rätselhaft bei denen man keine feststellbare Brauchbarkeit erkennen kann. Diesem Sektor sind zum Beispiel jugendliche Graffiti-Sprayer oder Anwender von Computerspielen zuzuordnen, die ihre Tätigkeiten rein intrinsisch, also ohne offensichtliche Belohnung (z. B. durch Geld) ausführen. All diese Muster geben uns einen Anlass für die Suche nach Informationen zu diesen Mustern und diese anschließend zu durchleuchten.[11]

5. Professionelle Motivationsdiagnostik

Die professionelle Motivationsdiagnostik beruht auf einem ähnlichen Verfahren wie die der Motivationsdiagnostik im Alltag. Bei dieser Art von Diagnostik ist das Vorgehen allerdings stärker reguliert und stützt sich auf Routineverfahren. Hierbei wird sich an bewährten Theorien orientiert. Ehe eine Diagnose erfolgen kann, muss erst geklärt werden was genau diagnostiziert werden soll. Unter Motivation lässt sich „die aktivierende Ausrichtung des momentanen Lebensvollzuges auf einen positiv bewerten Zielzustand verstehen."[12] Der Begriff Psychodiagnostik lässt sich als „Methode zur regelgeleiteten Feststellung inter- und intraindividueller Unterschiede in psychologisch

---

[10] Rheinberg, F. (2004). S. 15
[11] Vgl. Rheinberg, F. (2004), S. 15-16
[12] Rheinberg, F. (2004), S. 17

relevanten Merkmalen"[13] wesentlich definieren. In Bezug auf Rheinberg beinhaltet die Motivationsdiagnostik die „regelgeleitete Feststellung inter- und intraindividueller Unterschiede in der aktivierenden Zielausrichtung von Lebensvollzügen." [14] Die Besonderheiten der Motivationsdiagnostik liegen in den Faktoren, „die als Richtungs- und Antriebsgrößen dem Verhalten zu Grunde liegen."[15] „Dabei drücken sich die hier wirksamen Personenmerkmale nicht unmittelbar in eindeutig spezifizierbaren Verhaltensweisen aus, sondern in Teilprozessen, die die aktuelle Motivation ausmachen." [16] Die Motive die uns hierbei interessieren beziehen sich auf die wahrgenommenen Anreize in umfassenden Alltagssituationen. Entscheidend für den Einfluss auf unser Verhalten sind die aktuelle Motivation und nicht grundlegende Personenmerkmale, worauf sich das Resultat der aktivierenden Zielausrichtung bezieht. Damit unerwünschte Handlungsbereitschaften verändert werden können, muss gezielt nach alternativen Aktivitäten gesucht werden, in denen die Anreize mit positiv gleichwertigen Anstoßen ausgewechselt werden können. Dabei ist zu beachten, dass die gegebene Motivationsbasis genau bestimmt wird.[17]

6. Pädagogische Diagnostik

Pädagogische Diagnostik, gestützt auf die psychologische Diagnostik, beinhaltet das „methodisch geleitete Erkennen und Unterscheiden von Schülern, um deren psychische, physische und soziale Eigenarten (ihre Individualität also) mit entsprechenden Beschreibungsbegriffen zu erfassen."[18] In Hinblick auf die Historie der pädagogischen Diagnostik zielt diese auf „die Aufgaben der Leistungsbewertung und Zensurengebung verbunden und in den Mittelpunkt wissenschaftlicher Analysen innerhalb dieses besonderen Aufgabenbereiches der Pädagogik [...]"[19] ab. Pädagogische Diagnostik richtet

---

[13] Rheinberg, F. (2004), S. 17

[14] Rheinberg, F. (2004), S. 17
[15] Rheinberg, F. (2004), S. 17
[16] Rheinberg, F. (2004), S. 17
[17] Vgl. Rheinberg, F. (2004), S. 17-18
[18] Rolbitzki, D. (1983), S. 54
[19] Schwarz, B. (1983), S. 1

sich demzufolge „auf die Erfassung von individuellen Voraussetzungen von Lernenden mit dem Ziel, Unterricht zu planen und zu gestalten, Lernergebnisse vorherzusagen oder Lernergebnisse zu erfassen und damit erzieherische Wirkungen zu kontrollieren."[20] Zu den drei zentralen Faktoren der pädagogischen Diagnostik gehören die selektive Funktion, die klassifikatorische Funktion und die therapeutische Funktion. Die therapeutische Funktion wendet sich vor allem den verhaltensauffälligen Schülern zu. Verhaltensauffälligkeiten sind überwiegend bei Schülern zu beobachten, die die Hauptschule besuchen. Diese Schulart bringt vermehrt immer größer werdende Probleme wie zum Beispiel Motivationsprobleme, Lernstörungen, Leistungsstörungen, Verhaltensstörungen und Disziplinschwierigkeiten mit sich. Die pädagogische Diagnostik stellt speziell für Lehrer eine bedeutende Basis dar und ist in diesem Beruf nicht weg zu denken.

> „Insbesondere die Diagnose des Lernerfolgs für interne und externe Zwecke gehört zu den traditionellen Aufgaben der Schule, und die ‚informelle' Schulleistungsdiagnostik dürfte den größten Teil der vom Lehrer ausgeübten diagnostischen Tätigkeiten ausmachen."[21]

Damit die Lehrperson eine Diagnose zu einem Schüler stellen kann, bedarf es nicht nur einer geeigneten Ausbildung und dem Wissen über pädagogische Diagnostik, sondern auch entsprechend ausschlaggebende Daten über den Schüler. Wichtige Datenquellen offerieren hierzu die:

> „1. Lebensgeschichte (Anamese) des Schülers 2. das Verhalten des Schülers, das der Lehrer in Gelegenheits- oder systematischen Beobachtungen registriert 3. die aktuellen Umweltbedingungen in Familie, Schule und Freundeskreis, in denen der Schüler lebt
> [und] 4. die Ergebnisse von Test- und Schulleistungen."[22]

In Hinblick auf McClelland und Heckhausen lässt sich die Leistungsmotivation anhand von vier Methodengruppen messen. Zu diesen Methoden zählen das inhaltliche Verfahren, Leistungsresultate, Selbstbeurteilung und Fremdbeurteilung.[23]

---

[20] Schwarz, B. (1983), S. 1
[21] Schwarz, B. (1983), S. 6
[22] Rolbitzki, D. (1983), S. 55
[23] Vgl. Rolbitzki, D. (1983), S. 54-55

7. Identität als motivationale Quelle

In Betracht auf die Identität eines Individuums ist diese ebenfalls ausschlaggebend für die Motivation einer Person. „[I]nnere Verpflichtungen, persönliche Interessen oder identitätsbedingte Bedürfnisse"[24] fließen in das Verhalten eines Individuums mit ein. „Der Mensch ist Stressoren demnach nicht hilflos ausgesetzt."[25] Wie ein Individuum mit einer Stresssituationen umgeht und diese auf eigener Art und Weise nachkommt ist bereits auf den Lebenszyklus und die individuelle Entwicklung zurückzuführen. „[Der Mensch] kann im Sinne assimilativer Bewältigung aktiv versuchen, die aktuelle Ist-Situation an seine normativen Soll-Vorstellungen, Erwartungen und Ziele anzupassen."[26] Diese Anpassung gelingt der Person, indem sie ihre Soll-Orientierungen an die gegebene Ist-Situation anpassungsfähig gestaltet.[27]

8. Analyseschema

Ein mögliches Analyseschema zur Motivationsdiagnostik bietet das Grundmodell der klassischen Motivationspsychologie. Dieses Grundmodell stellt die Wechselbeziehung zwischen einer Person mit seinen Motiven und der Situation mit ihren potenziellen Anreizen dar. Die aktuelle Motivation wird „bei der Erforschung von Motivationseinflüssen im Lernprozess systematisch eingesetzt."[28] Bereits Lewin (1936) und Murray (1938) erkannten eine Wechselbeziehung zwischen Person und Situation. Demzufolge ist erkennbar, dass sich unser Verhalten nicht permanent in derselben Intensität von Personenmerkmalen wie fortbestehenden Motiven beeinflussen lässt. „Wichtig ist, dass diese motivationalen Personenmerkmale [Motive, Interessen] nicht direkt auf das Verhalten wirken, sondern nach passender situativer Anregung zunächst zur [aktuellen

---

[24] Quaiser-Pohl, C. / Rindermann, H. (2010), S. 201
[25] Quaiser-Pohl, C. / Rindermann, H. (2010), S. 201
[26] Quaiser-Pohl, C. / Rindermann, H. (2010), S. 201
[27] Vgl. Quaiser-Pohl, C. / Rindermann, H. (2010), S. 201
[28] Rheinberg, F. (2004), S. 22

Motivation] führen."[29] Somit lässt sich ableiten, dass das Motiv an sich keinen Einfluss auf das jeweils aktuelle Verhalten nimmt.[30]

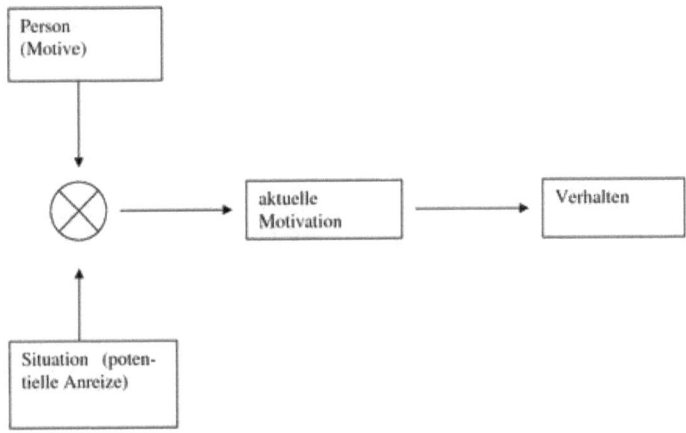

Das oben dargestellte Modell zeigt die Wechselbeziehung von Person und Situation, die weit mehr als nur eine triviale Beziehung bezeichnet. Zu beachten sind hier

> „besondere Wahrnehmungs- und Bewertungsprozesse, Aktivierung von Handlungsschemata, Erwartungsbildungen, physiologische Aktivationsprozesse, Ausschüttung bestimmter Neurotransmitter und einiges mehr [...], das die Entstehung der ‚aktivierenden Zielausrichtung des momentanen Lebensvollzugs' bewirkt und sie ausmacht. Je nach inhaltlicher Ausrichtung und Dominanz einzelner Teilprozesse wird damit natürlich auch das höchst heterogen, was wir mit dem Begriff ‚aktuelle Motivation' umschreiben."[31]

Zu berücksichtigen ist auch im Grundmodell der klassischen Motivationspsychologie der Prozess von der aktuellen Motivation bis hin zum Verhalten. Dieser Prozess „verdeckt nämlich alle Prozesse, die dann erforderlich werden, wenn sich bei der Zielverfolgung Schwierigkeiten ergeben und/oder wenn die zielführenden Aktivitäten aversiv werden."[32]

---

[29] Rheinberg, F. (2004), S. 21
[30] Vgl. Rheinberg, F. (2004), S. 21-22
[31] Rheinberg, F. (2004), S. 22
[32] Rheinberg, F. (2004), S. 23

9. Erfassung motivationsrelevanter Tätigkeitsqualitäten

Personen, die Freude an ihrer ausführenden Aktivität haben, sind mit Motivationsproblemen wohl kaum konfrontiert. Motivationsprobleme entstehen vermehrt in Zuge von Tätigkeiten die häufiger und weitaus intensiver betrieben werden. Hierzu zählen Beispiele wie starke Gewichtsprobleme durch Essstörungen, Gesundheitsschäden die durch das Rauchen ausgelöst werden oder aber auch finanzielle Schäden und Belastungen durch suchtbedingtes Spielen. „Ist der Tätigkeitsvollzug neutral oder gar negativ, muss sich die aktuelle Motivation auf anreizbesetzte Ergebnisfolgen und/oder die Fremdsteuerung stützen, sofern engagierte Zielverfolgung zu Stande kommen soll."[33] Individuen, bei denen sich in ihren auszuführenden Tätigkeiten kein positives Vollzugserleben einstellt, haben Schwierigkeiten sich dieser Tätigkeit anzunehmen und werden ohnehin Beschäftigungen finden, die sie von der eigentlichen Tätigkeit abhalten. Angesichts dessen stellt sich die Frage „was dann genau solche Tätigkeitsanreize ausmacht und wie sie in ihrer individuellen Unterschiedlichkeit entstanden sind."[34] Die klassische Motivationspsychologie plädierte zunächst mit Forschungsansätzen, die besagen, dass „Motivation über Anreize und Wahrscheinlichkeiten von Folgen zu verstehen [sind] und weniger über den Anreiz der Tätigkeit selbst."[35] Gegenwärtige Forschungen beschäftigen sich mit der gestellten Frage und entwickeln gezielt dahingehend Verfahren quantitativer Art, die sich in die Praxis umsetzen lassen. Die Attraktivität einer Tätigkeit lässt sich zum Beispiel mit der Persönlichen Hitliste (PH) messen. Dieser Test erfolgt auf Grundlage individueller Tätigkeiten, die in die vorgegebene Skala nach Beliebtheit der Tätigkeiten eingeordnet werden und mittels eines Attraktivitätsindex ausgewertet werden. [36]

---

[33] Rheinberg, F. (2004), S. 31
[34] Rheinberg, F. (2004), S. 31
[35] Rheinberg, F. (2004), S. 31
[36] Vgl. Rheinberg, F. (2004), S. 31-33

10. Thematischer Auffassungstest (TAT)

Der Thematische Auffassungstest, mit TAT offiziell abgekürzt, wird auch Apperzeptionstest genannt und dient als Messinstrument zur quantitativen Erfassung von Leistungsmotivation. Auf Basis der Freudschen Konzeption entwickelte Henry A. Murray 1943 den Thematischen Auffassungstest, der zur Motivationsmessung am besten geeignet ist und den größten Stellenwert aller Entwicklungen verdient. McClelland stellte 1953 Kategorien auf, die es ermöglichen Phantasiegeschichten in Bezug auf die Leistungsthematik auszuwerten. Die Messung von Leistungsmotivation soll in folgenden Ereignissen erfolgen:

- „in leistungsbezogenen Bedürfnissen und Wünschen,
- in instrumentellen Tätigkeiten, die im Dienst der Zielerreichung stehen,
- in positiven oder negativen Zielerwartungen,
- in Reaktionen auf äußere oder innere Hindernisse,
- im Zurückweisen der Unterstützung durch andere Personen,
- in positiven oder negativen Gefühlsäußerungen, die meistens mit dem Effekt der Handlungen zusammenhängen."[37]

Heckhausen entwickelte 1963 Auswertungskategorien, die den oben aufgezählten Kategorien nach McClelland von 1953 die „mit Ausnahme der Reaktionen auf Hindernisse und des Zurückweisens von Hilfe"[38] übereinstimmen. Das angewandte Verfahren um Leistungsmotivation messen zu können ist allerdings auf McClelland zurückzuführen. Der Thematische Auffassungstest wurde von Heckhausen weiterentwickelt „indem er zwei getrennte Auswertungsschlüssel aufstellte, um die beiden entgegengerichteten Motivationstendenzen ‚Hoffnung auf Erfolg' und ‚Furcht vor Mißerfolg' zu erfassen."[39] Inhalt des TAT sind sieben Bildtafeln zu denen Schüler Phantasiegeschichten erzählen und Fragen beantworten müssen. Für die ganze daraus entstehende Geschichte haben die Schüler insgesamt sechs Minuten Zeit.[40] „Die spontanen, unreflektierten Antworten sollen Aufschluß geben über die ‚innere' Verursachung des Verhaltens, über verborgene,

---

[37] Wasna, M. (1972), S. 43
[38] Wasna, M. (1972), S. 43
[39] Wasna, M. (1972), S. 43
[40] Vgl. Wasna, M. (1972), S. 43-44

nicht bewußte Anteile der Erwartungen, die der direkten Beobachtung nicht zugänglich sind."[41]

11.   Fazit

Im Rahmen dieser Arbeit wurden verschiedene Vorgehensweisen zur Diagnostik von Motivation dargestellt. Offensichtlich haben Motivationsprobleme nicht nur überwiegend in Schulen Bestandteil, sondern sind auch nach der Schullaufbahn im Alltag weitaus präsent. Zahlreiche Testverfahren bieten uns demzufolge die Möglichkeit Motivation zu messen und zu erfassen. Anhand dieser Tests lassen sich die individuellen Probleme der Motivation ermitteln und bringen Möglichkeiten mit sich um diese Defizite zu beheben. Für Lehrer wird es demgemäß geradezu immer bedeutender sich eine ausreichend geeignete Ausbildung im Bereich der Motivationsdiagnostik anzueignen.

---

[41] Wasna, M. (1972), S. 44

12.   Quellenverzeichnis

Literatur:

Primärliteratur:

Rheinberg, Falko (2004). Motivationsdiagnostik. Band 5. Göttingen: Hogrefe Verlag

Sekundärliteratur:

Brockhaus (1953). Der große Brockhaus in 12 Bänden. Wiesbaden: Verlag Brockhaus.

Fisseni, Hermann-Josef (1990). Lehrbuch der psychologischen Diagnostik. Göttingen: Verlag für Psychologie, Hogrefe.

Hossiep, Rüdiger / Wottawa, Heinrich (1993). Die Angewandte Psychologie in Schlüsselbegriffen. In A. Schorr (Hrsg.), Handwörterbuch der Angewandten Psychologie. Bonn: Deutsche Psychologien Verlags GmbH.

Pawlik, Kurt (2006). Handbuch Psychologie, Wissenschaft, Anwendung, Berufsfelder. Heidelberg: Verlag Springer Medizin.

Quaiser-Pohl, Claudia / Rindermann, Heiner (2010). Entwicklungsdiagnostik. 1. Auflage. München, Basel: Ernst Reinhardt Verlag, UTB

Rolbitzki, Detlef (1983). Europäische Hochschulschriften, Reihe 11, Pädagogik. Frankfurt am Main: Peter Lang Verlag

Schwarz, Bernd (1983). Grundzüge pädagogischer Diagnostik. Eine Einführung. Frankfurt am Main: Haag + Herchen Verlag

Wasna, Maria (1972). Motivation, Intelligenz und Lernerfolg. München: Kösel Verlag

Internet:

Universität Potsdam. Falko Rheinberg. Zugriff: 04.01.2014
http://www.psych.uni-potsdam.de/people/rheinberg/personal/bio-d.html

Buchpreis-Seite. Falko Rheinberg. Zugriff: 04.01.2014
http://www.buchpreis-suche.de/autoren/falko-rheinberg-816512.htm

13.   Anhang

Abbildung:

Abb. 1: Das Grundmodell der klassischen Motivationspsychologie. Rheinberg, Falko (2004). Motivationsdiagnostik. Band 5. Göttingen: Hogrefe Verlag

Didaktischer Teil:

Arbeitsblatt

Textauszug
(Für Veröffentlichung entfernt)

Abbildung 1: Das Grundmodell der klassischen Motivationspsychologie. Rheinberg, Falko (2004). Motivationsdiagnostik. Band 5. Göttingen: Hogrefe Verlag

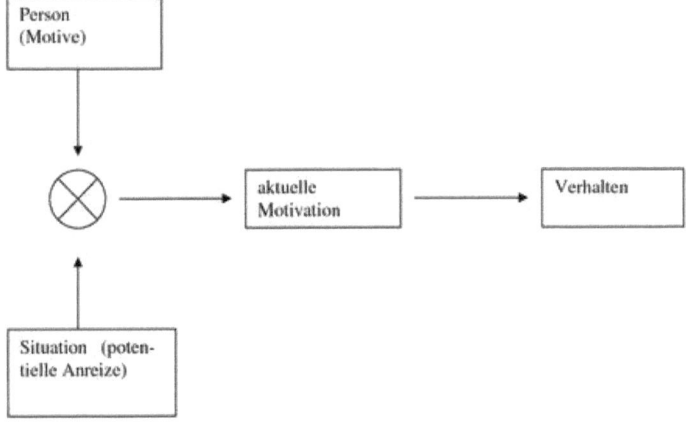

Didaktischer Teil

Im didaktischen Teil des Referats zur Motivationsdiagnostik werden die Seminarteilnehmer als erstes dazu aufgefordert, ein Kreuzworträtsel mit acht Fragen überwiegend zu Falko Rheinberg und zum Grundmodell der klassischen Motivationspsychologie zu lösen. Die zweite Aufgabe zeigt ein blanko Grundmodell der klassischen Motivationspsychologie, bei der die Teilnehmer das zu Grunde liegende Schaubild mit den Fachbegriffen vervollständigen müssen. In der dritten Aufgabe des Aufgabenblattes sind die Begriffe der Motivationsdiagnostik auf Gruppenebene zuzuordnen indem sie die vorgegebenen Begriffe richtig verbinden. Bei der nächsten Aufgabe werden fünf Begriffe dargestellt wobei einer dieser Begriffe nicht zu den Methoden nach McClelland und Heckhausen zählt. Die Seminarteilnehmer sollen herausfinden welcher Begriff nicht den Methoden eingeordnet werden kann und diesen farblich markieren bzw. durchstreichen. Die fünfte Frage auf dem ausgehändigten Arbeitsblatt ist eine offene Frage. Hier sind drei Möglichkeiten zur Motivationsdiagnostik im Alltag zu nennen. Als letzte Aufgabe des didaktischen Teils wird ein Text aus dem Buch „Motivationsdiagnostik" von Falko Rheinberg (Kapitel 10: Praktischer Einsatz des Diagnoseschemas; Ein Beispiel) ausgehändigt, der zu lesen ist und mit eigenen Worten abschnittsweise zusammengefasst werden soll.

BEI GRIN MACHT SICH IHR WISSEN BEZAHLT

- Wir veröffentlichen Ihre Hausarbeit,
  Bachelor- und Masterarbeit

- Ihr eigenes eBook und Buch -
  weltweit in allen wichtigen Shops

- Verdienen Sie an jedem Verkauf

Jetzt bei www.GRIN.com hochladen und kostenlos publizieren